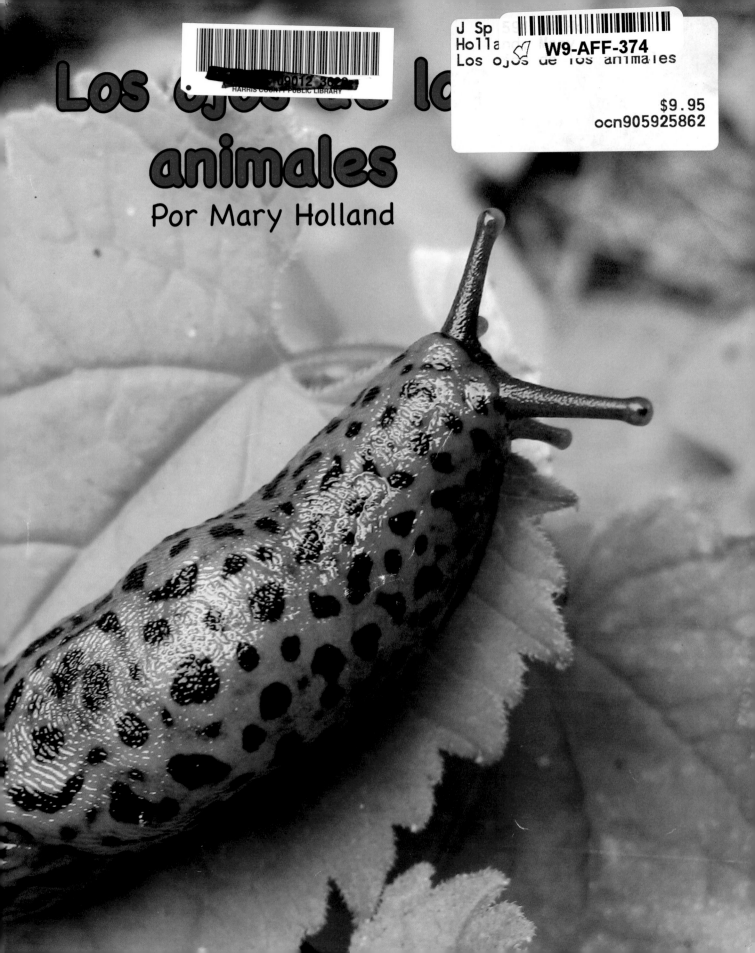

Los ojos de los animales

Por Mary Holland

Existen ojos de muchos tamaños, colores y formas. Ellos nos ayudan de muchas maneras. Nos ayudan a encontrar comida, a hacer cosas, a reconocer a los amigos, y a movernos de un lugar a otro.

Muchas veces, los ojos de un animal nos pueden decir algo acerca de él.

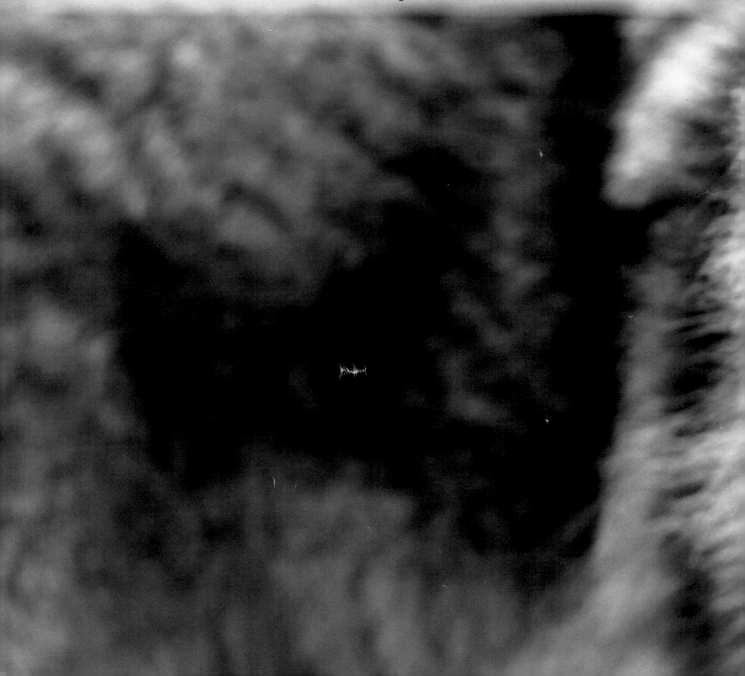

Los ojos de un coyote están localizados en frente de su cabeza. Esto es un hecho para la mayoría de los animales que se comen a otros animales (depredadores). Sus ojos trabajan a la vez para indicarles qué tan lejos se encuentra un ratón o un conejo. Esto hace que el depredador pueda cazar más fácilmente a su presa.

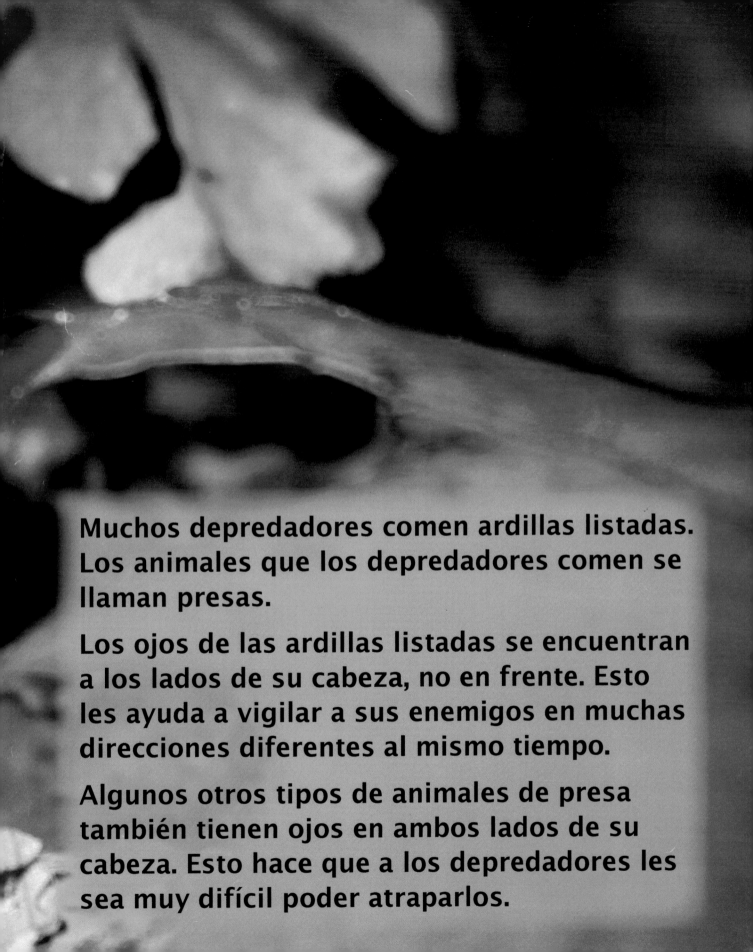

Muchos depredadores comen ardillas listadas. Los animales que los depredadores comen se llaman presas.

Los ojos de las ardillas listadas se encuentran a los lados de su cabeza, no en frente. Esto les ayuda a vigilar a sus enemigos en muchas direcciones diferentes al mismo tiempo.

Algunos otros tipos de animales de presa también tienen ojos en ambos lados de su cabeza. Esto hace que a los depredadores les sea muy difícil poder atraparlos.

La mayoría de los halcones pueden ver, incluso, mejor que las personas. Cada uno de los ojos del halcón ratonero de cola roja es tan grande como o más grande que su propio cerebro. Los halcones pueden divisar a su presa desde muy lejos, aunque ésta sea tan pequeña como un ratón.

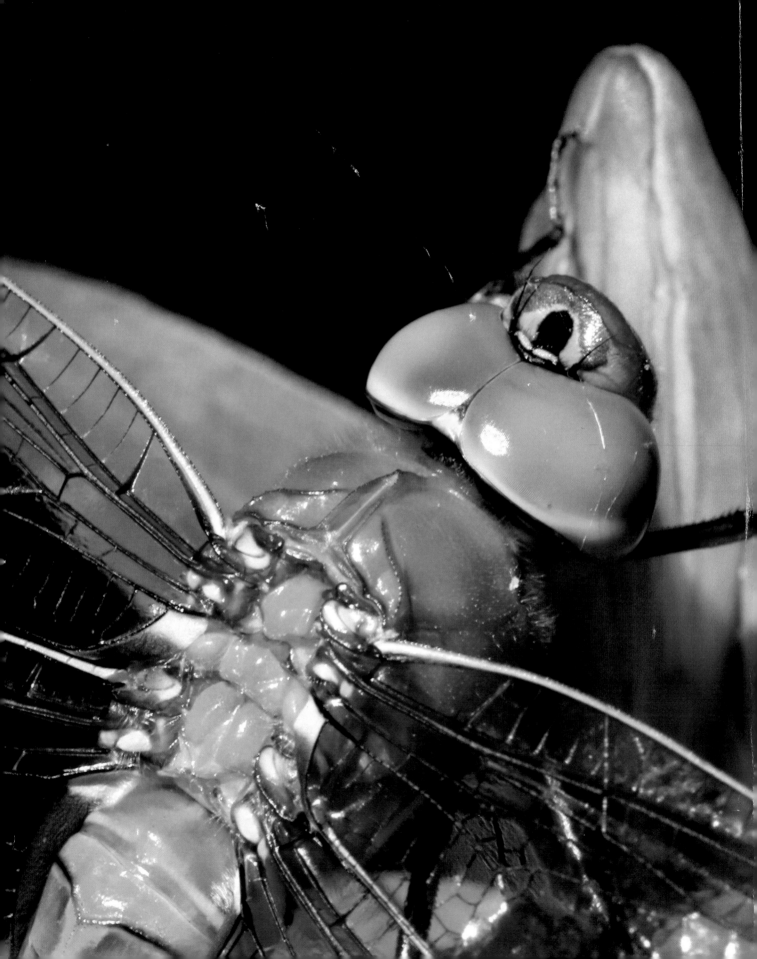

Las libélulas siempre están buscando insectos para comer. ¿Son depredadores o presas?

¡Las libélulas tienen dos ojos compuestos que pueden ver en todas direcciones al mismo tiempo!

¿Alguna vez has tratado de acercarte sigilosamente a una libélula? ¡Debido a su excelente sentido de la vista, ella te ve y vuela antes que te le puedas acercar demasiado!

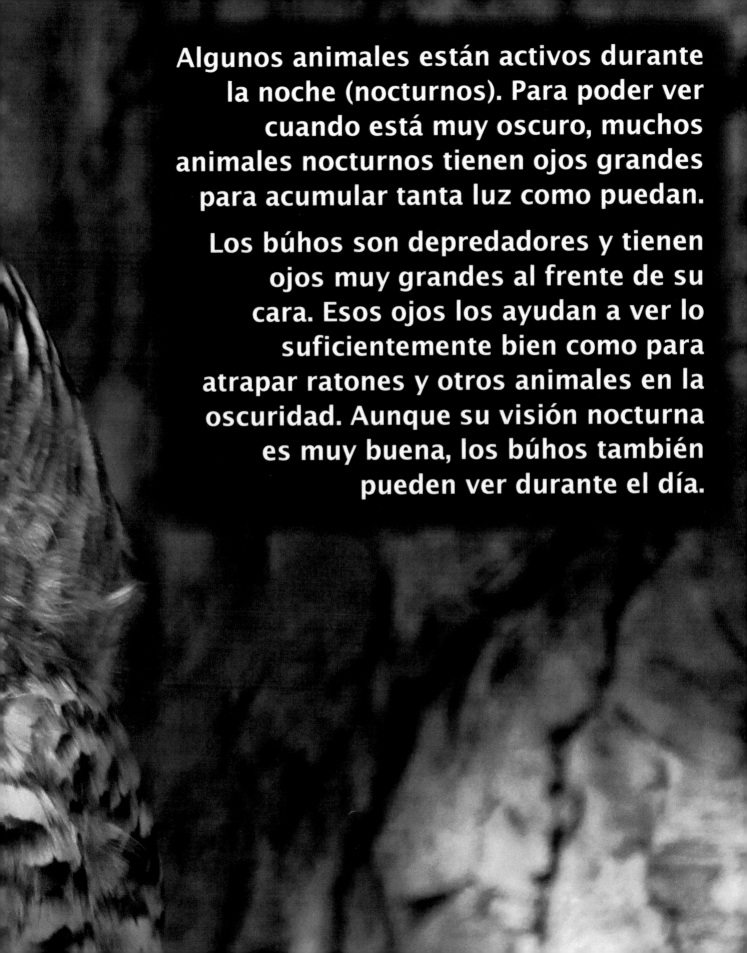

Algunos animales están activos durante la noche (nocturnos). Para poder ver cuando está muy oscuro, muchos animales nocturnos tienen ojos grandes para acumular tanta luz como puedan.

Los búhos son depredadores y tienen ojos muy grandes al frente de su cara. Esos ojos los ayudan a ver lo suficientemente bien como para atrapar ratones y otros animales en la oscuridad. Aunque su visión nocturna es muy buena, los búhos también pueden ver durante el día.

También, las ardillas voladoras están activas durante la noche, pero son presas para otros animales. A los depredadores que están despiertos durante la noche les gusta comérselas. Como los búhos, las ardillas voladoras tienen ojos grandes para que puedan ver bien de noche.

Muchos animales tienen dos ojos. Serpientes, tortugas, ranas, salamandras, peces, la mayoría de los insectos y mamíferos, incluyéndote a ti y a mí; todos tenemos dos ojos.

Pero, la mayoría de las arañas tienen ocho ojos. Tú pensarías que si tuvieras ocho ojos, podrías ver muy bien. La mayoría de las arañas que tejen su telaraña para atrapar insectos no los necesitan—¡sus telarañas se encargan de eso! Otras arañas, como esta araña saltarína, ven bien para poder cazar y atrapar a sus presas.

Los humanos tenemos dos párpados que se mueven hacia arriba y hacia abajo para proteger nuestros ojos. Algunos animales tienen un tercer párpado que protege sus ojos. Este tercer párpado, que es transparente, se mueve hacia ambos lados de cada ojo.

Muchos animales que nadan, como este castor, utilizan esos párpados como gafas para nadar. Los párpados mantienen el agua afuera de sus ojos y les permiten nadar por debajo del agua con los ojos abiertos.

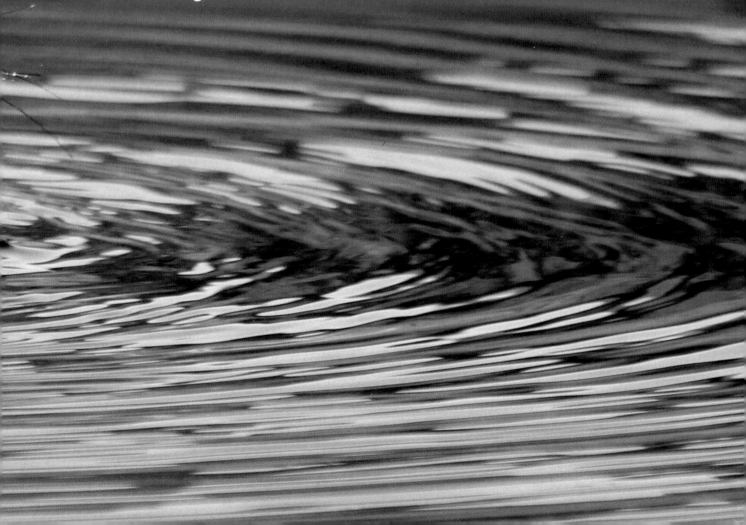

Las serpientes tienen ojos pero no tienen párpados. ¡Sus ojos están protegidos por escamas transparentes por las que pueden ver a través y que son parte de su piel!

Algunas veces, puedes determinar la edad de un animal por el color de sus ojos. Los oseznos negros muy jóvenes tienen ojos azules. Conforme crecen, sus ojos se vuelven cafés.

¿Crees que este osezno negro es muy joven o es un adulto?

Algunas veces, puedes reconocer si un animal es macho o hembra tan sólo mirando el color de sus ojos. Por lo general, las tortugas de caja hembras tienen ojos cafés y los machos, generalmente, tienen ojos rojos. ¿Crees que esta tortuga . . . es macho o hembra?

La vista es el sentido más importante para muchos animales. El que un animal pueda ver lo ayuda a mantenerse seguro y con vida.

Para las mentes creativas

Datos divertidos sobre la visión de los animales

Los animales, y también las personas, tienen cinco sentidos. ¿Puedes mencionarlos? La vista es uno de los sentidos más importantes para muchos animales.

- El globo ocular más grande sobre el planeta mide 11 pulgadas de ancho - más o menos del tamaño de un plato grande. Este ojo pertenece al calamar gigante.

- Un búho no puede mover sus ojos. Este animal debe mover su cabeza para que pueda ver en diferentes direcciones.

- Los ojos de las ranas se abultan para que puedan permanecer bajo el agua y puedan seguir viendo, con una pequeña parte de éstos sobresaliendo de la superficie del agua.

- Las ranas usan los ojos para ayudarse a tragar la comida. Cuando ellas hunden sus ojos hacia el techo de la boca, los ojos ayudan a empujar la comida hacia sus gargantas.

- Los ojos de los murciélagos y los topos son muy difíciles de ver porque son muy diminutos.

- Es imposible estornudar sin cerrar los ojos.

- Tus ojos parpadean más de 27,000 veces en un día.

- Los delfines duermen con un ojo abierto.

- Los gusanos no tienen ojos.

- Algunos peces que viven en las cuevas profundas de aguas oscuras, tampoco tienen ojos.

Glosario

Visión binocular: El prefijo "bi" significa dos, como en una bicicleta. Ocular se refiere a los ojos o a la visión. Binocular significa dos ojos que trabajan juntos. Esos dos ojos están usualmente localizados al frente de la cabeza de los animales. La visión binocular ayuda a los animales a medir distancias, ayudándoles a rastrear a sus presas. Muchos animales que comen otros animales (depredadores) tienen visión binocular.

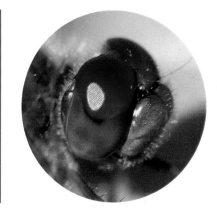

Ojos compuestos: Los insectos tienen ojos que "salen de sus órbitas", permitiéndoles ver en todas direcciones a la vez. Esos ojos tienen usualmente entre 3,000 y 9,000 unidades ópticas, denominadas omatidias. Debido a que cada ojo está formado por muchas unidades diferentes, se les denomina ojos compuestos. ¡Algunos insectos, como la libélula, pueden tener hasta 25,000 unidades en cada ojo! Entre mayor número de unidades tenga un insecto, mejor podrá ver. Esas unidades son tan pequeñas que sólo podemos verlas a través de un microscopio.

Membrana nictitante: La mayoría de los animales tienen párpados superiores e inferiores que se mueven hacia arriba y hacia abajo. Algunos tienen un tercer párpado, por el cual pueden ver a través y que protege sus ojos. Este tercer párpado, llamado membrana nictitante se mueve a través de, en cada ojo. Muchos animales que nadan o vuelan utilizan estos párpados para proteger sus ojos. El águila tiene su tercer párpado trazado a través de su ojo. La foto pequeña muestra cómo se vería su ojo si su tercer párpado estuviera enroscado hacia arriba en la esquina de su ojo, no siendo utilizado.

Espectáculos: Las serpientes y algunos lagartos no tienen párpados en absoluto. Tienen escamas por las que pueden ver a través denominadas "gafas" que cubren sus ojos. Debido a que las escamas son parte de su piel, conforme se desprende su piel para crecer (mudar), la nueva piel tiene nuevas escamas con las cuales pueden ver y que protegen sus ojos.

Une el ojo con el animal

humano

zorro rojo

sapo americano

mosca amarilla

colimbo común

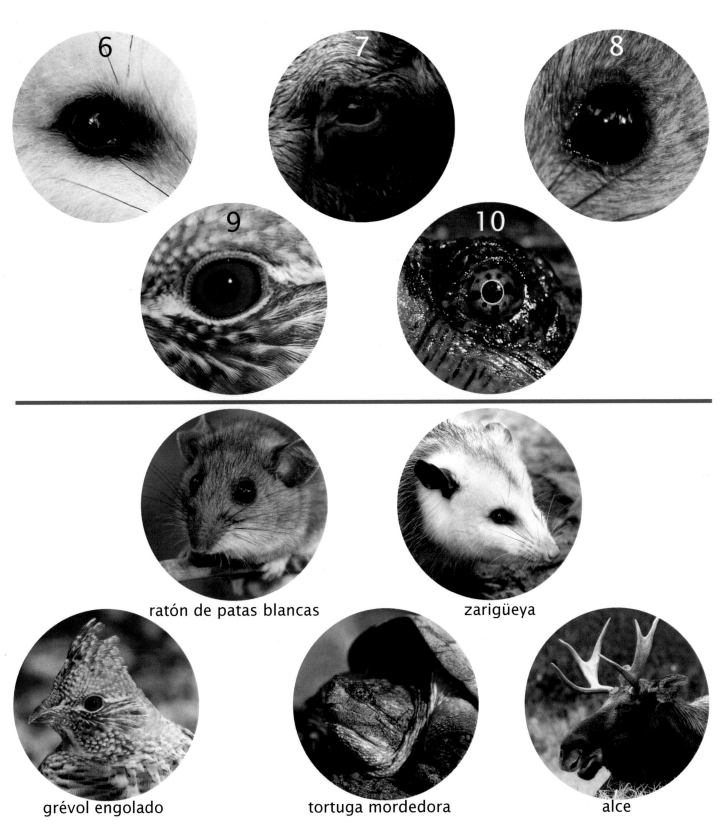

ratón de patas blancas

zarigüeya

grévol engolado

tortuga mordedora

alce

Los animales incluidos en el libro son: sapo americano (cubierta), babosa (página de título), rana arbórea gris, coyote, ardilla del este, búho listado, halcón juvenil cola roja, libélula verde, carabo norteamericano, ardilla voladora, araña saltarina comiendo una mosca, castor, culebra, ozesno negro, tortuga de caja, y un humano (niña). Crédito de la imagen de la fotografía de la niña va a Gigi Halloran.

Con agradecimiento a David Clipner, Chief Naturalist y Animal Curator en Leslie Science y Nature Center, por verificar la veracidad de la información de este libro.

Los datos de catalogación en información (CIP) están disponibles en la Biblioteca Nacional:
978-1-62855-4465   portada dura en Inglés ISBN
978-1-62855-4540   portada suave en Inglés ISBN
978-1-62855-4625   portada suave en Español ISBN
978-1-62855-4700   libro digital descargable en Inglés ISBN
978-1-62855-4786   llibro digital descargable en Español ISBN
978-1-62855-4861 (English) 978-1-62855-4946 (Spanish) Interactivo libro digital para leer en voz alta con función de selección de texto en Inglés y Español y audio (utilizando web y iPad/ tableta) ISBN
LCCN: 2014939446

Bibliografía
"Beavers." *Prince William Forest, U.S. National Forest.* February 4, 2014. http://www.nps.gov/prwi/naturescience/beaver.htm.

Brookshire, Bethany. "Making a Snake Spectacle." *Science News.* October 31, 2013. https://www.sciencenews.org/blog/scicurious/making-snake-spectacle.

Choi, Charles Q. "Blind Fish Still Able to 'See'." *Live Science.* January 28, 2008. http://www.livescience.com/9555-blind-fish.html.

Eaton, Joe. "Nature's Safety Goggles." *Bay Nature.* April 1, 2009. http://baynature.org/articles/natures-safety-goggles.

"Frogs and Toads" *Maryland Zoo.* February 6, 2014. http://www.marylandzoo.org/wp-content/uploads/2009/08/Frogs.pdf.

"Insect Compound Eye versus Human Eye." *Pawnation.* February 2, 2014. http://animals.pawnation.com/insect-compound-eye-vs-human-eye-5728.html.

"Largest Eye in the World, Giant Squid." *Smithsonian Museum of Natural History Ocean Portal.* February 6, 2014. http://ocean.si.edu/ocean-photos/largest-eye-world-giant-squid.

Rivera, Erin. "Did You Know Animal Eye Facts." *Visian ICL.* February 4, 2014. http://visianinfo.com/did-you-know-animal-eye-facts.

"Worm Facts." *University of Illinois Extension.* February 6, 2014. http://urbanext.illinois.edu/worms/facts.

Derechos de Autor 2014 © por Mary Holland
Título original en Inglés: Animal Eyes; traducido por
Rosalyna Toth en colaboración con Federico Kaiser

La sección educativa "Para las mentes creativas" puede ser fotocopiada por el propietario de este libro y por los educadores para su uso en las aulas de clase.

Elaborado en los EE. UU.
Este producto se ajusta al CPSIA 2008

Arbordale Publishing
Mt. Pleasant, SC 29464
www.ArbordalePublishing.com